MILLE ET UNE
FADAISES.

Contes à dormir de bout.

Ouvrage dans un gout très moderne.

Par M. Cazotte comm... de Marine.

A BAILLONS,
Chez L'ENDORMY, à l'Image
du Ronfleur.

M. DCC. XLII.

TABLE DES CHAPITRES.

Fin de la Table.

LES MILLE & UNE FADAISES.

De l'Origine de ces Contes.

LA Baronne de... au retour de sa campagne alla voir la Marquise de... Après les premiers complimens, la Marquise prit la parole. Mais regardez-moi donc, Baronne, ne me trouvez-vous pas changée à faire peur ? il y a quinze jours que je n'ai fermé l'œil ; imaginez combien je souffre, j'en deviendrai folle. Elle avoit raison de dire qu'elle souffroit, une jolie femme qui ne dort pas, souffre plus qu'une autre, elle sent que la fatigue l'enlaidit, elle meurt à petit feu.

Effectivement, dit la Baronne, je vous trouve changée, cependant je ne vois pas que le mal soit aussi grand que vous le faites, votre œil n'a rien perdu de sa vivacité; mais n'essayés-vous pas quelques secrets? A propos de secrets, ne vous souvient-il plus de ce discours académique que nous récita l'Abbé de ... qui vous fit dormir de si bon cœur? il est de nos amis, cet Abbé, faites-le venir à votre chevet; si un de ses discours ne vous suffit pas, il en débitera quatre, c'est un torrent d'éloquence... Quatre discours! dit la Marquise, ah! vous extravaguez, Baronne: mais sçavez-vous que vous me parlez-là d'un régime assommant? je dormirois à ce prix, moi!... & qu'importe à quel prix vous dormiez? reprit la Baronne; allons, Madame, ayez cette obligation à

l'Abbé : c'eſt un homme de reſ-
ſource , & ce n'eſt pas dans ſes
harangues ſeules qu'il eſt admira-
ble,il parle comme il écrit. L'autre jour il vint à ma Terre, avec
ſes nouvelles & ſes contes uſés, il
nous fatiguoit plus lui ſeul. . . Au
milieu de ce diſcours de la Baronne on annonça l'Abbé dont
elle faiſoit l'éloge. Ah, notre cher
Abbé , on ſe plaignoit de vous,
lui dit-elle : les voilà , ces chers
petits hommes ! dès qu'on les
ſouhaite on ne les voit plus. Madame la Marquiſe eſt malade,elle
eſt travaillée d'une inſomnie cru-
elle, & vous l'abandonnez, au lieu
de venir lui faire compagnie, la
deſennuyer par ces petits contes
de votre façon où vous mêlez tant
d'agrémens. . . Ah ! Madame, reprit modeſtement l'Abbé. . . Ah !
Monſieur, reprit vivement la Baronne, ne vous défendez pas d'a-

voir de l'esprit, d'être aimable,
vous avez d'autres torts que ceux-
là, que vous réparerez, s'il vous
plaît. En un mot, il s'agit de sou-
per ici, & de ne pas quitter Madame qu'elle ne soit endormie; parlez, criez, extravaguez ; mais de
l'esprit par tout. L'Abbé se prête volontiers à la raillerie, il ne se
défendit de rien. On servit le sou-
per, on mangea, le fruit vint, &
disparut. Allons l'Abbé, dit la Baronne, entrez en lice, & sur tout
ne foiblissez point, le mal est opi-
niatre... Par où Madame souhai-
te-t-elle que je commence? répliqua l'Abbé. Voudriez-vous les
nouvelles du jour ?... Eh fi, l'Abbé, nous avons la gazette... Quelle
espèce de conte ferai-je? vous n'aimez pas les contes libres?... Pour
ceux-là, dit la Baronne, ils sont
bons, mais ils n'auront pas leur
place ici. On a défendu à Mada-

me le vin de Champagne, les Epi-
grammes, les contes libres, & en
général tout ce qui réveille le
fang ; fans cela nous avons des
brochures nouvelles, nous les au-
rions luës. Que fouhaitent donc
ces Dames? pourfuivit l'Abbé, des
naïvetés ? . . . Eh fi, l'Abbé, vous
les avez pris dans Pittaval : faites-
nous des contes des Fées. J'obéi-
rai, Mefdames, reprit l'Abbé, quoique novice dans le métier que
vous me faites faire, métier qui a
fes difficultés. Le conte eft un
genre ridicule, ufé, peu interef-
fant par lui-même, qui ne fe fou-
tient que par la nouveauté de l'in-
vention, par la vivacité des ima-
ges ; il faut que l'efprit y voltige
inceffamment, fans être fufpendu,
& l'inftruction ne s'y mêle guéres,
à moins qu'on ne la tire aux cheveux. . . . Ah! s'écria la Baronne
en bâillant de toutes fes forces,

bravo! l'Abbé, bravo! nous dormirons bientôt; continuez fur ce ton là : comment donc! mais c'eft un prodige ; voilà affurément une petite préface qui vaut de l'or , allons, débutez par une réflexion: je les aime. L'Abbé prit ainfi la parole : il faudroit bien du talent pour empêcher une mauvaife femme de faire du mal... Un moment l'Abbé , dit la Marquife en l'interrompant,je ne crois pas vôtre réflexion naturelle... Eh,Marquife, dit la Baronne,vous êtes là pour écouter & non pour contredire; la contradiction réveille l'efprit , c'eft un poifon pour vous. Continuez , mon pauvre Abbé , continuez , & contez tout uniment , puifqu'il eft décidé que vous n'avez pas le talent des réflexions.

CANAPE' IIIᵉ.

CONTE.

CHAPITRE I.

Où l'on verra la naiſſance de Rian-
te, & la jolie perſonne que c'étoit
que la Fée Troisboſſes.

IL y avoit une fois une Dame
ſans caprices, dont on ne ſçait
pas préciſément le nom ; mais
je crois qu'elle s'apelloit Rare.
Femme très-particuliere, aimable ſans ſe piquer de l'être, ſans
minauderies, ſans vapeurs, qui
ne médit jamais d'une femme
plus jolie qu'elle : par conſéquent
femme haïe ; car avec tant de
vertus on eſt toujours incommo-
de. Au moins, Meſdames, dit
en ſouriant l'Abbé, ce ſont des

A iij

fables que je vous conte ; mais
pour revenir à mon héroïne éga-
lement détestée de la prude & de
la coquette, de la galante & de
l'insensible, parce que sa conduite
faisoit le procès à tous les travers;
elle fut forcée de se retirer dans
un Chateau sur les frontieres, où.
ses vertus ne fissent rougir personne ; elle s'y apliqua à la lecture, & devint femme sçavante,
sans devenir sote : tant elle étoit
destinée à être singuliere.

Quoiqu'apliquée à l'étude, elle
avoit une fiile qu'elle élevoit avec
soin. On la nommoit Riante : soit
que ce fût à cause d'un sourire
spirituel, sans être malin, qui
lui étoit particulier, soit que,
(comme quelques-uns préten-
dent) au lieu de pleurer elle ait
débuté en venant au monde par
un éclat de rire. Les Partisans de
cette derniere opinion raportent

à ce fujet une anecdocte qui ne laiffe pas que d'avoir fon mérite. Vous fçavez comme moi que les Fées fe trouvoient autrefois à la naiffance de tous les enfans de condition : c'étoit une des prérogatives, c'étoit fi vous le voulez une des charges de leur état ; car l'emploi ne laiffoit pas d'être penible. Les enfans des Grands ne naiffent point privilé- giés ; elles fe trouvoient là fort à propos pour rectifier la nature, pour doüer de beauté ceux qui ne l'avoient pas, y ajouter des graces qui en font tout le prix, pour réünir les talents qu'on a tant de peine à raffembler, pour y joindre la modeftie, qui eft pref- que incompatible ; enfin pour faire quantité de chofes excel- lentes, & qu'on ne voit plus de- puis qu'on s'eft avifé, je ne fçai pourquoi, de fuprimer les Fées.

Les Fées préſidérent donc à la
naiſſance de Riante ; mais elles
eurent peu de choſe à faire. Jamais perſonne ne fut plus doüée
que cette aimable fille. C'étoit une
figure intereſſante , un eſprit , un
cœur , un caractere heureux , un
enfant gâté de la nature. Quand
elles lui eurent donné le talent
de ſe faire aimer de tout le monde , avantage dont on n'eſt pas
ſûr avec tout le mérite poſſible ,
elle poſſéda éminemment tout ce
qu'une femme peut poſſéder de
mérite. C'eſt tandis qu'elles la
conſidéroient avec attention, que
l'éclat de rire lui échapa. Un éclat
de rire dans un enfant qui naît ,
c'eſt une choſe ſurprenante ; elles
y ſoupçonnérent du miſtere , &
il y en avoit en effet , ſoit inſtinct,
ſoit un peu de raiſon ; car Riante
étoit précoce , elle n'avoit pas ri
ſans un violent ſujet ; il ſe paſſoit

alors dans le tuyau de la cheminée
une scéne affez rifible, qu'elle
avoit aparemment deviné ; il en
fortoit des hurlemens affreux ,
une femme de chambre de Rare
alla pour voir d'où ils prove-
noient, mais il lui tomba dans
les yeux une grande quantité de
fuye , & une certaine humidité
dont l'odeur n'étoit pas favorable,
& c'eft tout ce que lui valut fa
curiofité : la Fée Lirette qui
étoit de l'affemblée, s'aprocha enfuite pour regarder, & fut bien-
tôt au fait du miftere. Imaginez
fa furprife quand elle reconnut la
Fée Troisboffes fon ennemie, qui
étoit prife dans le tuyau de la
cheminée , & qui s'efforçoit inutilement d'en fortir. Ah , ah ! &
que faites-vous là notre chere, lui
dit-elle ; pour le coup nous vous
tenons , & vous nous laifferez des
gages. Vous ne fortirez pas d'ici

que vous ne m'ayez remis votre baguette ... Ma baguette ? reprit Troisboffes, je vais te l'aporter dans le moment, attends-moi. En difant cela elle tâchoit de fe dégager ; mais par les charmes de Lirette la cheminée fe rétréciffoit fi fort que la malheureufe Troisboffes alloit être entierement aplatie, fi elle n'eût pris le parti de laiffer tomber fa baguette.

Lirette la ramaffa & la donna à Riante ; on l'attacha à fon col, comme un hochet ; tant qu'elle auroit cette baguette, elle ne devoit craindre aucune mauvaife avanture, mais qu'elle fe gardât bien de la perdre. Après cette courte inftruction Lirette fe retira, le refte des Feés la fuivit.

Je vois, Mefdames, que vous êtes impatientes de fçavoir quel forte d'ébat prenoit la Fée Troisboffes dans le tuyau de la cheminée. C'étoit une petite Sorciere, malfaite, qui avoit en effet trois bofſes: imaginez où elle portoit la troiſiéme. Son eſprit étoit auſſi contrefait que ſa taille, & ſon ame auſſi noire que ſon viſage, qui n'étoit néanmoins pas mal noir. Comme elle étoit ennemie de Lirette, quand celle-ci faiſoit des dons à des enfans de qualité, elle s'y trouvoit toujours pour jetter quelque mauvais préſent à la traverſe: de là vient qu'avec tant de précautions pour les rendre parfaits, ils ſe trouvoient ſouvent l'être ſi peu.

Troisbofſes informée des cou- ches de Rare, accourt à califour- chon ſur le premier Diable qu'elle trouve, pour donner un plat de ſon métier. On s'attendoit bien qu'el- le ne demeureroit pas tranquile, on avoit fermé toutes les portes hermétiquement même; mais le

tuyau de la cheminée reſtoit ou-
vert, & la maligne Fée s'en aperçut. Tant il eſt vrai que les amis
ſont moins prévoyants que les ennemis ne ſont dangereux. Heu-
reuſement pour Rare & pour ſa
fille, la rage de mal-faire aveugla
Troisboſſes, le tuyau de la cheminée étoit étroit, elle s'y précipita ſans réflexion ; mais elle
eut beau mettre boſſe deçà, &
boſſe delà, elle demeura ſuſpenduë ; elle fit des grimaces épou-
ventables, car il eſt aiſé d'en faire quand on eſt laid ; elle épuiſa
ce qu'elle ſçavoit d'imprécations
du haut ſtile, elle cria, elle tem-
pêta, elle remua ſes bras courts,
ſes pieds tortus ; mais tout ce vacarme ne ſervit qu'à inſtruire les
Fées de la vérité du fait : on veut
encore que cela ait donné lieu aux
éclats de rire qui échapérent à
Riante.

Dès que Troisbosses eut laissé tomber sa baguette, la cheminée se rélargissant peu à peu lui laissa le moyen de s'échaper ; elle s'en alla honteuse comme on l'est quand on a voulu mal-faire, & qu'on a manqué son coup ; mais pénétrée de la plus terrible colere qu'elle eut jamais ressentie, elle ne rouloit dans sa tête qu'enlévemens, meurtres, vengeances, projets d'enchantemens terribles, mais vains ; car que pouvoit-elle sans sa baguette ?

Riante cependant croissoit insensiblement. On voyoit peu à peu épanoüir sur son visage ces graces touchantes qui devoient être le charme de tous les cœurs. Je ne parle pas des cœurs femelles, ils pouvoient être déja susceptibles de jalousie ; quoique dans ces tems de simplicité cette passion n'eût pas fait les progrès qu'elle a fait depuis.

Je ne vous ai point encore dit quels étoient le Pays & le Peuple parmi lequel vivoient Rare & sa fille, j'y vais revenir par une petite digreffion. N'attendez pas de moi que je vous aprenne l'hére, l'hégire, le moment, l'afpect de leur naiffance ; je fuis mauvais Chronologifte, & encore plus mauvais Aftronome. Elles ont vécu il y a fort long-tems, c'eft ce que j'en fçai : la France étoit leur patrie ; mais elle étoit pour lors encore toute Gauloife, on y voyoit des Aufpices pêle-mêle avec des Drüides. Nos bons ayeux groffiers, fententieux, maffifs, avec leur grande barbe, leurs cheveux plats, leur plat vifage, n'avoient encore que le fens commun ; fe fuffent-ils douté qu'ils feroient les peres d'une Nation jolie, légére, manierée, polie ? euffent-ils crû,

ces

ces gens à grands caleçons , les prodigieuſes révolutions des modes , tout ce que la bizarerie devoit introduire de variété dans les coëffures , ſur les viſages , & le mépris où tomberoit le bon ſens ? non ſans doute , ce ſont là des coups du Deſtin , il n'eſt pas permis de s'y attendre.

Comme les Dames commençoient à ſentir les premiers aproches du ſommeil à cet endroit du conte de l'Abbé , il ſe retira dans le deſſein de le continuer les jours ſuivants.

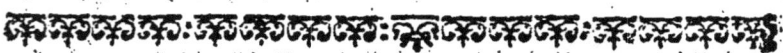

CHAPITRE II.

Education de Riante , précautions inutiles.

Riante habitoit un petit apartement que lui avoit bâti la Fée Lirette : il n'étoit ni de

B

diamans, ni de lapis ; c'étoit bien
affez qu'il fût de porcelaine , &
qu'il fût commode. Aucun homme n'en aprochoit par les foins
de Rare , elle fe défioit du cœur
de fa fille ; car ce font les cœurs
les mieux faits qui font les plus
tendres ; elle ne vouloit pas qu'elle fentît l'amour avant que de le
connoître ; d'ailleurs certain pré-
fage l'engageoit encore plus à fe
tenir fur fes gardes. Lirette avoit
vû dans les aftres , que Riante ,
pour être heureufe, devoit n'avoir
point vû d'hommes à quatorze
ans. Pour diftraire cette belle
d'une connoiffance qui pouvoit
lui devenir dangereufe , on avoit
raffemblé dans fon Palais tous ces
bijoux qui font le charme de l'en-
fance , & ce qui peut enfin rem-
plir le vuide d'un cœur qui n'a
pas aimé ; car s'il a aimé , ce font
autant de joujous perdus.

Riante qui ne connoiſſoit d'a-
muſemens que ceux qu'on lui of-
froit , s'en occupa d'abord avec
vivacité ; mais l'âge vient enfin ,
& avec lui les inquiétudes & les
deſirs, on ne ſçait comment : avec
quelque attention qu'on dérobât
à cette belle la connoiſſance qu'il
y eût des hommes au monde , il
étoit impoſſible de ne pas parler d'eux devant elle , ou il eût
fallu ne parler de rien ; car ils
viennent naturellement à toutes
les converſations des femmes ;
enfin ce mot qu'elle avoit oüi répéter tant de fois, piqua ſa curioſité. Mais qu'eſt-ce donc que ces
hommes ? demanda-t-elle à ſes
femmes ; d'abord on ne lui répondit rien ; c'étoit le vrai moyen
de faire réitérer la queſtion ; mais
ſes inſtances ne produiſirent aucun
effet. Vraiment oüi , reprirent les
femmes ; on vous dira ce que

c'eſt que des hommes : Madame
votre mere ne veut pas que vous
le ſçachiez. Voilà bien le caractere des Gouvernantes. Ne peuvent-
elles ſatisfaire la curioſité d'un
enfant ? elles l'irritent.

Ah ! queſt-ce donc qu'un homme (s'écria Riante en s'allant jetter au col de ſa mere) la queſtion
devenoit embaraſſante d'autant
qu'elle n'étoit pas prévuë. C'eſt,
répondit Rare, une perſonne dont
les occupations ſont différentes
des notres. Et qu'eſt-ce que
les occupations des hommes, répondit Riante ? nouvel embarras
pour la mere, elle lui fit entendre
le mieux qu'elle put, combien il y
avoit de différents états, en lâchant
ſur chacun le trait de ſatyre : pour
prévenir ſa fille contre le penchant à venir, elle lui inſinua
que le Guerrier étoit féroche, ſan-
guinaire, le Magiſtrat farouche,

ennuyeux, elle n'épargna pas
même les Abbés . . . Ah ! l'Abbé,
interrompit la Marquise, de grace
qu'en dit-elle ? . . . Bon, Madame, répliqua l'Abbé, ce qu'elle
en dit étoit nouveau dans ce tems
la, & ne le feroit pas aujourd'hui.
Epargnez - moi un acte de modeftie qui ne vous aprendroit rien
que vous ne fçuffiez déja ; con-
tentez-vous de fçavoir que Rare
parvint fi bien à dégoûter fa fille
de la fantaifie de connoître les
hommes, qu'il n'en fut plus re-
parlé depuis. Il falloit néanmoins
que la haine que Riante conçut
pour notre efpèce ne fût pas bien
forte, puifqu'un inftant la dé-
truifit. On fut étrangement fur-
pris un jour qu'on cherchoit cette
belle, de ne la plus trouver dans
le Palais. Combien Rare fe re-
procha-t-elle alors fa négligence !
elle avoit vû les quatorze ans pref-

crits par Lirette, s'écouler pref-
que tous entiers fans qu'il fût arrivé aucun accident à fa fille. Depuis quelque tems elle l'obfer-
voit avec moins d'exactitude,
c'étoit par fa faute qu'elle avoit
perdu fon tréfor. Lirette vint
dans la circonftance, qui augmen-
ta le trouble par l'aigreur de fes
reproches; elle épargna la mere
qui étoit affez à plaindre ; mais
elle tança féchement les Gouvernantes. Sans doute, leur dit-elle,
on a laiffé introduire ici quelque
jeune homme, puis elle leur fit
entendre combien leur definte-
reffement lui étoit fufpect : mais
comme ce vacarme de la Fée ne
rémédioit à rien, il fallut prendre un parti plus utile, ce fut celui de confulter les aftres. Mais on
n'eft jamais malheureux à démi ;
la Lune fut obfcurcie quatre jours
de fuite, de maniére que le def-

espoir de Rare & l'impatience de Lirette ne leur permettant pas d'attendre plus long-tems , c'est au grimoire même qu'elles eurent recours : voici ce qu'elles y lurent mot à mot.

Le trait partoit de la main de Troisbosses, (dont vous aurez sans doute trouvé que la haine se reposoit bien long-tems ; mais c'étoit faute de puissance, & non de mauvaise volonté.)

Privée qu'elle étoit de sa baguette, elle étoit presque réduite à l'état d'une simple mortelle, (à un peu plus de malice près) car jamais elle n'avoit travaillé pour acquérir aucune de ces connoissances qui mettent les Fées en état de commander à la nature. Le dépit seul lui fit faire ce que jamais l'ambition, ni l'honneur ne lui avoient fait tenter ; elle s'enferma dans sa caverne,

& s'occupa à chercher un secret qui pût l'aider dans sa vengeance. Il falloit que cela souffrît quelques difficultés, car quatorze ans s'écoulérent presque avant qu'elle vînt à bout de son dessein. Enfin elle parvint à faire un Talisman qui lui donnoit le pouvoir de prendre la forme qui lui plairoit, & de se transporter dans un moment d'un bout de l'Univers à l'autre. Secrets d'une petite conséquence dans l'art de Féerie où il y en a tant; mais qui devenoient terrible entre les mains d'une femme dont le cœur, & l'esprit étoient si dangereux.

Dès qu'elle fut en état de nuire elle se rendit en un clin d'œil au petit Palais qu'habitoit Riante, invisible & cherchant sans cesse le moment où cette belle seroit seule pour l'aborder. L'occasion ne tarda pas à naître. Fatiguée

d'une

d'une promenade qu'elle venoit de faire, Riante dormoit fous un berceau de jafmin, la maligne Fée vint s'affeoir auprès d'elle en attendant que fon fommeil finît.

Je crois, Mefdames, avoir négligé de vous dire que la baguette de Riante ne pouvoit lui être enlevée fans fon confentement, fans cela il ne feroit pas probable que fon ennemie eût attendu, les bras croifés, qu'elle fût éveillée. Seulement elle préparoit les piéges qu'elle alloit lui dreffer, & pour les rendre plus dangereux, au lieu de la forme hideufe que vous lui connoiffez, elle prit la figure du plus charmant, mais du plus traître de tous les Dieux : Dieu que vous connoiffez fans doute ; eh qui le connoîtroit mieux que vous, fi ce n'eft ceux à qui vous le faites fentir ?

C

✛✛✛✛✛✛✛✛✛✛✛✛✛✛✛

CHAPITRE III.

Ce que Riante vit à son réveil, &
comme elle aprit à rêver.

LA Fée étoit sous ce charmant
attirail, lorsque sa belle ouvrit les yeux. Vous comprenez fa-
cilement la surprise de Riante à
la vûë d'un objet si nouveau. Son
premier mouvement fut de se
croire encore endormie, elle porta la main à ses yeux pour les aider à s'ouvrir. Alors la Fée prit
la parole : Vous êtes éveillée,
belle Riante , vous êtes surprise
de me voir? .. Eh! qui êtes-vous,
dit innocemment la belle ? . . .
Je suis l'Amour , répondit la
Fée. . . . . . . L'Amour , reprit
Riante, vous avez là un joli nom.
Ah ! vous avez des aîles ; d'où
cela vous vient-il ? . . . que cela

eſt charmant, des aîles couleur de
roſe ! il faut que Maman m'en
donne : mais vous êtes nud , cela n'eſt pas bien. Eh ! qui vous
a conduit ici ? . . . . Le plaiſir
de vous voir , répondit la Fée.
Je traverſois les airs ; (car ces aîles que vous me voyez , me ſer-
vent à voler ;) je vous ai vû en
paſſant, je vous ai trouvée ſi charmante , que je n'ai pû me refuſer
au plaiſir de m'arrêter auprès de
vous : mais eſt-il bien vrai qu'on
ne vous ait jamais parlé de moi ?
que vous ne me connoiſſiez
point ? . . . . Point du tout , reprit Riante. On vous laiſſe là
dans une ignorance bien cruel-
le, pourſuivit la Fée , imaginez-
vous que l'on n'eſt heureux que
quand on me connoît : je gagerois que vous vous ennuïez
quelquesfois . . . . . . Cela eſt
vrai , répondit Riante. Eh bien

laiffez faire , lui dit la Fée ,
écoutez-moi , & vous ne vous
ne vous ennuïerez jamais. Votre
mere, vos Gouvernantes ne vous
ont-elles jamais parlé des hommes ? . . . Qui ? reprit vivement
Riante , ces vilains hommes ! . .
Qu'apellez-vous vilains hommes,
interrompit la Fée , on vous a
donc infpiré un furieux dégoût
pour eux ? Quelle imbécilité !
Aprenez , ma belle , qu'on vous
trompe cruellement. Je le vois ,
votre mere nourie & élevée dans
les principes d'une vertu fauvage
qui ne fe plaît qu'à contrarier la
nature, vous a fait fucer avec le
lait une haine injufte pour tout
le genre humain : mais fçavez-
vous que ces mêmes hommes,
dont elle vous a fait des portraits
fi odieux , s'emprefferoient à faire
le bonheur de votre vie , fi vous
ne les fuyiez pas comme vous le

faites ? Ce feroient des efclaves
foumis , qui n'auroient d'autres
volontés que les votres , qui ne
verroient que vous , qui ne ref-
pireroient que par vous , qui
moureroient où vous ne feriez
pas. Eh , n'allez pas les croire in-
dignes de votre attachement.
Vous êtes belle, Riante, il eft pref-
que impoffible de ne pas convenir que vous ne foyiez pour l'efprit , pour le cœur , la plus par-
faite des créatures ; il eft néanmoins un homme au monde qui
ne vous eft inférieur en rien ,
qui vous aime , c'eft peu dire ,
qui vous adore. Eh ! qu'eft ce
que cela fait ? pourfuivit Riante. Ce que cela fait , répondit
la Fée , c'eft que fi vous vouliez
fouffrir qu'il vînt vous dire combien il vous aime . . . . Eft-ce que
cela me fera du mal ? reprit Riante. Tant s'en faut, répliqua la

Fée ; il naîtra entre vous une fimpatie douce, qui vous fera gouter des plaifirs inexprimables. Tenez, je vois que vous êtes émuë, je gagerois que vous fentez au dedans de vous un mouvement extraordinaire qui vous fait plaifir ; ah ! ma chere Riante, que vous en éprouveriez bien d'autres ! Pour commencer à vous rendre heureufe, je vais vous montrer le portrait de votre Amant... Qu'eft-ce que c'eft que mon Amant ? demanda Riante. Rien n'eft fi naturel, répondit la Fée, c'eft celui qui vous aimera & que vous aimerez.... N'aurons-nous, dit la belle, que le plaifir de nous aimer ? C'eft que je vous avouërai que mes Gouvernantes me difent qu'elles m'aiment, je leur dis que je les aime auffi ; mais cela ne m'amufe pas beaucoup.....Eh bien, ceci vous amuſera-t-il ? dit la Fée, en lui montrant un portrait ; dites-moi votre ſentiment ? (Ce portrait , Meſdames , étoit celui d'un jeune Chevalier extrémement aimable, que la Fée avoit choiſi pour ſon deſſein.)

Il fit ſon effet, ou plutôt cette ſimpatie qui diſpoſe des cœurs en un moment , agit ſur celui de la jeune Riante. Ah ! que cela eſt charmant , s'écria-t-elle. Eh bien, répondit la Fée , ſi vous voulez ne rien dire à votre mere , demain venez dormir ici l'après-dinée , j'y tranſporterai l'original de ce portrait . . . . Vous êtes bien obligeante , dit Riante. Je ne fais que ſuivre mon inclination, reprit le faux Amour, je ſuis le Dieu des Amants, je ne cherche qu'à aſſortir les cœurs . . . Comment ! dit Riante , vous êtes un Dieu, & vous vous don-

nez tant de peine pour moi ?...
L'emploi le plus noble des Dieux,
reprit Troisboſſes , c'eſt de ſe
mêler du bonheur des mortelles
comme vous. Songez ſeulement
à ne rien dire de tout ce que vous
venez d'entendre , & à me tenir
parole. A ce mot la Fée s'en-
vola , la belle la ſuivit long-tems
des yeux , puis retourna à ſon
petit Palais , bien plus rêveuſe
qu'elle n'en étoit ſortie. Les Gouvernantes voulurent pénétrer ſon
ſecret ; mais elles s'employérent
vainement , rien ne donne tant
de diſcrétion qu'un peu d'amour.
La belle s'obſtina & ſe tût. On
voulut la diſtraire, on fit des jeux,
on en inventa ; c'eſt même ſur ces
entrefaites que le jeu de l'Oye
fut renouvellé des Grecs. Je ne
puis m'empêcher de raporter cette époque ; on n'y avoit pas joüé
depuis le Siége de Troye : jugez,

Mefdames, fi cela devoit être amufant : néanmoins Riante n'y fit aucune attention ; il falloit que l'Amour eût déja gagné bien du terrain.

Il me femble qu'il ne feroit pas hors de propos de répandre quelque lumiere fur l'hiftoire du portrait. C'étoit, je l'ai déja dit, le portrait d'un Chevalier fort aimable ; n'importe de quelle contrée. Quand Troisboffes avoit montré ce portrait à Riante, elle en avoit avec elle trois douzaines, réfoluë d'en montrer jufqu'à ce qu'il y en eût un qui fit fon effet. Elle n'eut pas la peine de faire un plus long étalage ; dès que Riante eut vû Gracieux, (c'étoit le nom du Chevalier,) elle ne fut plus en état d'en voir d'autres. La Fée contente de fon effai, fe tranfporta auprès du Chevalier pour l'engager à étre de moitié d'une intrigue dont elle faifoit dépendre la réuffite de fes projets. Il étoit à la chaffe : c'étoit fon occupation favorite. La Fée épia le moment où il venoit de bleffer un oifeau d'un coup de fléche ; elle ramaffa l'oifeau, à la place duquel elle mit le portrait de Riante.

A cette trouvaille imprévuë, la furprife du beau Chaffeur alla où elle put aller ; il avoit les paffions vives , il en conçut une extraordinaire pour l'original d'un fi beau portrait ; il s'affit pour le regarder à fon aife ; il étoit pénétré ; il treffailloit d'étonnement & de plaifir. Tandis qu'il étoit dans le fort de fon admiration , Troisboffes s'aparut à lui , non fous fa forme ordinaire, car amour propre à part , depuis qu'elle en pouvoit changer , la fienne étoit de toutes les figures

celle qu'elle portoit le plus rare-
ment & avec le moins de com-
plaiſance. (Vous voyez qu'il eſt
quelque modeſtie dans le monde.) Elle ſe préſenta donc au
Chaſſeur ſous une forme majeſ-
tueuſe.

CHAPITRE IV.

Comment Troisboſſes tendit ſes
panneaux, & comment ils
lui réuſſirent.

L'Aparition de la Fée ne flata
pas d'abord le Chaſſeur, non
qu'il fût timide, mais cela lui
donna des diſtractions qu'il n'é-
toit pas dans le cas de ſouhaiter.
Je ſuis, lui dit Troisboſſes, une
Fée bienfaiſante.... Ah ! tant
mieux, lui dit-il, vous venez fort
à propos : ſçauriez-vous qui eſt
cette belle perſonne dont je tiens

le portrait ? C'eſt , reprit la Fée ,
quelqu'un qui vous aimera ten-
drement.... Moi! dit Gracieux,
& où avez-vous lû cela ? ... Je
le ſçais , répliqua-t-elle ; je ſçais
même quelque choſe de plus ,
c'eſt qu'il ne tiendra qu'à vous
d'être heureux ; mais il faut ſuivre mes conſeils.... Comment !
les ſuivre, dit Gracieux, j'irois
au centre de la terre.... Il ne
faudra pas aller juſques-là , répondit la Fée. Je m'apelle la Fée
Tropbonne ; il y a long-tems que
je m'intereſſe à votre bonheur,
& même ſi vivement, que je vous
ai déja ménagé un rendez-vous
avec la belle que vous aimez ;
mais ſoyez ſage & diſcret , un
rien peut vous perdre.... Un
rendez-vous ? reprit Gracieux ,
ah ! quand ſera-ce , Madame....
Ecoutez, répondit la Fée , un
mot que j'ai à vous dire , & nous

partons : il faut bien vous prévenir fur ce que vous devez faire.
.... Ah! s'écria-t-il , de grace ,
Madame, fiez vous-en à ma conduite ; où faut-il aller ?... Mais
quelle pétulance ! dit la Fée ,
vous gâteriez tout. Songez que
la belle dont le cœur vous eſt deſ-
tiné, eſt ſous les yeux d'une mere
bizarre , miſantrope , qui déteſte
foncierement le Genre humain.
Si vous êtes aperçû, vous perdez
en un moment le fruit de mes
bontez , l'eſpérance d'être heureux & la vie. Je veillerai autour
de vous pour écarter les dangers
qui pouroient naître .... Ah!
que de bontez , Madame , s'écria
Gracieux ; non, je donnerai tout
le reſte de ma vie à la reconnoiſ-
fance ; mais permettez que je
donne quelques moments à l'A-
mour.

La Fée ſe rendit à ſes inſtances , & le tranſporta ſous le berceau de jaſmin , où Riante s'étoit déja renduë. Dès qu'ils s'aperçurent , la converſation s'anima : quoiqu'ils ne ſe fuſſent jamais vûs , ils avoient bien des choſes à ſe dire ; mais comme ils parloient tous deux à la fois , & que je ne les ai pas entendus, diſpenſez-moi de rien répéter ; d'ailleurs les ſentiments ne ſe peignent pas. Riante apella Gracieux ſon Amant; il en fut tranſporté de joye, il ſe jetta à ſes genoux, lui baiſa la main , la rebaiſa encore ; elle n'en fut point fâchée, elle ne lui dit point de ſe retirer : c'eſt ce qui fait douter ſi la pudeur eſt fille de la nature ou de l'éducation.

Au milieu de tous ces tranſports , ſi bien reçûs & même partagez , quand après s'être dit beaucoup, ces Amants avoient en-

coré tout à se dire, la Fée enle-
va inhumainement le Chevalier.

Eh! où m'emportez-vous, Madame, lui dit-il? que ne me lais-
siez-vous où j'étois? ou pourquoi
m'y conduisiez-vous? Seigneur,
lui répondit la Fée, je faisois le
guet à l'œil auprès du berceau où
vous étiez, j'ai vû que quelqu'un
s'en aprochoit, j'ai craint que
vous ne fussiez découvert : il y va
de la perte de l'objet de votre
amour : car je ne vous parle pas
de la vôtre, elle vous toucheroit
peu. Accordez-moi votre confiance, abandonnez-vous à ma
conduite, demain vous reverrez
l'aimable Riante . . . . . Je re-
verrai Riante, dit Gracieux? Ah!
Madame, me tiendrez-vous parole? ne sera-ce que demain? songez que je me meurs . . . Il faut
néanmoins vivre, reprit la Fée.

A ce propos, qui n'est pas trop

confolant, fi l'on veut, Gracieux
entendit raifon du mieux qu'il
put. Le lendemain Troisboffes lui tint parole. Riante qui
par preffentiment s'étoit renduë
au berceau de jafmin, vit fon
Amant avec tranfport ; mais à
peine eut-il le tems de lui dire
par quel moyen, pourquoi, &
comment il l'avoit quittée la veille, que la Fée les fépara. Ah ! lui
dit Gracieux, pour le coup, Ma-
me, cela eft cruel : à peine l'ai-
je entrevûe. Eh bien, Seigneur,
je vais vous y conduire, reprit
la Fée, la mere de Riante vous
découvrira, on vous féparera
pour toujours. Gracieux après
cette réponfe, fut contraint d'en
refter fur fon defefpoir.

La méchante Fée goûtoit fe-
crettement une maligne joye ; elle
voyoit aprocher le tems de fa
vengeance, & mettoit à profit
les

les intervales, en commençant de faire insensiblement le malheur de l'innocent objet de sa haine.

Pour comprendre quelque chose dans la conduite bizarre qu'elle tenoit, il faut sçavoir que son dessein étoit d'enflâmer les deux Amants l'un pour l'autre, de telle façon qu'ils fussent dans le cas de ne se plus reconnoître. A peine lui restoit-il huit jours pour conduire à fin cette intrigue ; elle faisoit en sorte que se voyant si peu, ils ne s'expliquoient sur rien, & se souhaitoient sans cesse. On sçait combien les desirs s'irritent dans de telles circonstances. Il falloit que Troisbosses ne fût pas ignorante dans l'art d'amener en peu de tems une passion à un honnête point de maturité.

Déja pour la sixiéme fois elle

avoit conduit Gracieux au rendez-vous , & l'en avoit tiré auſſi
mal à propos qu'il ſe puiſſe.

Eh bien ! vous voilà , Madame , lui dit-il , dès qu'il put parler ; il ſemble que vous ſoyez ja-
louſe du bonheur dont vous nous
faites joüir ; accordez-vous avec
vous-même ; ou retranchez-moi
ces bontés cruelles qui ne font
qu'augmenter mon malheur , &
me laiſſez mourir ; ou, s'il eſt poſſible , ſouffrez que je devienne
heureux.

Que vous êtes injuſte , Seigneur , reprit l'hypocrite , d'un
ton compatiſſant ? ignorez-vous
combien ces prétenduës cruautés
vous font ſalutaires ? mais vous
exigez une derniere preuve du
penchant que j'ai à vous ſervir,
il faut vous la donner. Vous pouvez être ſans ceſſe auprès de Riante . . . . . Je le pourois , s'écria

Gracieux ? . . . . Oui, vous le pou-
riez , répondit la Fée , puisqu'il
dépend d'elle que cela soit. . . .
Oh ! si cela est , reprit-il , je suis
sûr de mon fait. . . . Vous avez,
répliqua la Fée , trop de vanité
pour un Amant délicat. Aprenez
à quel prix vous pouvez être heureux. Riante posséde une baguette qui rend invisible ceux qui la
tiennent dans la main gauche ;
qu'elle vous la donne , vous se-
rez sans cesse auprès d'elle , sans
qu'on vous voye , sans même
qu'on vous soupçonne. Mais
Riante se défaisira difficilement
de ce trésor , le bonheur de sa
vie en dépend, on lui a défendu de le confier à qui que ce
soit. Après tout , vous n'abuserez
pas de la confiance…. Oh ! partons , dit Gracieux, Riante peut
compter…. A ces mots , la
Fée qui se doutoit de ce que

Gracieux alloit dire , le tranſporta, ſans l'entendre,au berceau
de Jaſmin.

Enfin, aimable Riante,dit Gracieux en s'avançant , il me ſeroit
donc permis de paſſer ma vie auprès de vous ! Quoi , cela ſeroit
poſſible , dit Riante ! Oüi cela
l'eſt , répondit-il , la Fée qui nous
protége m'en aſſure , il ne vous
en coutera qu'un peu de confiance ; le Ciel m'eſt témoin combien je ſerois au deſeſpoir de la
trahir : hélas ! je me trahirois
moi-même ; la baguette que
vous portez peut me rendre invi-
ſible à tous les yeux.... Ah ! Gracieux , reprit Riante , c'eſt un
conte que vous me faites. .... Ce
n'en eſt pas un , reprit Gracieux,
l'eſſai va vous en répondre ; prenez cette baguette de la main
gauche. La belle obéit. Non ,
dit Gracieux , je ne vous vois

point, & en effet il ne la voyoit
point : (notez, Mesdames, que
la Fée lui avoit fasciné les yeux :
ce n'est là qu'un tour de gibe-
ciere.) Se pourroit-il, dit Riante, que ma baguette eût cette
vertu ? hélas ! on m'avoit bien
dit de la conserver, que le bonheur de ma vie en dépendoit,
puisque je ne peux vous voir sans
elle. . . . . .

En disant cela, la belle se dé-
saisit de sa baguette, tant il est
vrai que l'amour ne sçait rien
refuser. Bien-tôt la scéne changea
de face ; Troisbosses arracha la
baguette des mains de Gracieux,
& les transporta dans les airs. Elle
reprit sa figure ordinaire ; c'est
la premiere mauvaise nouvelle
qu'elle leur annonça ; son aspect
les glaça d'effroi. Reconnois ton
ennemie, dit-elle à Riante, in-
sensée ; aurois-je donc travaillé

pour ton bonheur ? Va , suis-
moi , tes disgraces ne font que
commencer. Et toi , dit-elle à
Gracieux, malheureux jeune homme , éloigne-toi de ma vûë , je
t'ai fait assez de mal en te met-
tant une passion inutile dans le
cœur : je suis contente de moi.
En disant ces mots , elle s'abat-
tit sur la terre , & le laissant dans
un Pays inconnu , elle s'éloigna
avec sa proie de toute la vîtesse
des esprits qui la portoient. Le
joli petit caractere de femme !
y en auroit-il des copies ?

CHAPITRE V.

Où la Fée Lirette trouva Gra-
cieux, ce qu'elle lui dit, ce
qu'il répondit, ce qu'elle reprit,
ce qu'il répliqua, ce qu'il fit.

Q Uand Rare aprit en quelles
mains fa fille étoit tombée,
fon defefpoir n'eut plus de bor-
nes ; il s'agiffoit pour elle de la
perte d'un enfant chéri , objet
unique de fes foins, de fes com-
plaifances ; encore quelle façon
de la perdre !

La Philofophie n'eut rien à
dire à cela : il faut qu'elle fe taife
quand le fang parle. Ah ! Lirette !
Lirette, difoit Rare à fa Protec-
trice , imaginez , s'il fe peut , ce
que je fens : pouvez-vous m'aider
dans mes malheurs ? ne me dé-
guifez rien , n'épargnez rien ; eft

il des risques à courir ? c'est sur moi qu'ils retomberont tous ; j'irai par tout, j'affronterai tout : helas ! que ne ferai-je pas pour délivrer ma fille : mais vous ne me répondez rien ; n'ai-je donc plus d'espoir ? Ah ! *malheureuse mere*.... Calmez-vous, Madame, lui répondit Lirette, rien n'est encore desespéré ; l'Amour qui vous a ravi votre fille, ne peut-il pas vous la rendre ? il ne s'agit que de trouver Gracieux, de l'engager à délivrer son Amante ; reposez-vous de ce soin sur moi, & tranquilisez-vous s'il est possible. A ces mots, Rare concevant un léger rayon d'espoir, se remit un peu, & Lirette montant sur son char, courut chercher le Chevalier dans les quatre parties du monde.

Vous croiriez sans doute qu'il étoit bien difficile à rencontrer ;

pas

pas tant que vous l'imagineriez,
Mefdames ; il eft des régles fûres
pour trouver les Amants malheureux ; il leur faut toujours
des échos à qui parler ; les voilà
dèflors même néceffairement exi-
lez de tout le plat Païs ; fuivant
ce principe, Lirette en parcou-
rant les montagnes, aperçut enfin le beau Chaffeur qui rêvoit
profondément au bord d'une fon-
taine ; il tenoit à la main un papier qu'il lifoit avec tant d'attention, qu'il ne voyoit pas encore
la Fée , quoiqu'elle fût déja devant lui depuis long-tems : enfin
elle prit le parti de lui parler.
Gracieux , lui dit-elle , je fuis une
Fée de vos amies. . . . Une Fée ?
reprit-il, eh bien, maudite foyez-
vous, vous & toute votre race. . . .
Gracieux , répliqua la Fée , il faut
fçavoir maudire avec difcerne-
ment, & diftinguer les amis des

E

ennemis.... C'eſt-à-dire , reprit
bruſquement le Chevalier , que
vous venez de nouveau vous di-
vertir à mes dépens. Tenez, Madame, vous prenez la figure qu'il
vous plaît , c'eſt à vous à qui je
dois le malheur de ma vie ; je
vous reconnois à votre ton dou-
cereux ; retirez-vous , ne me for-
cez pas à vous manquer de reſ-
pect ; je n'ai pour toutes armes
ici que des pierres ſous mes
mains , mais je m'en ſerts à merveille , & vous pourriez vous en
ſentir , toute puiſſante que vous
êtes.... Gracieux , reprit encore
une fois la Fée , votre défiance
ne m'offenſe pas , parce que je
compte que bientôt vous chan-
gerez de langage avec moi. Je
ſçais la manœuvre indigne dont
s'eſt ſervie une de mes Compa-
gnes pour vous plonger dans le
malheur où vous êtes. Je viens

vous témoigner la compassion que vous me faites ; mais ce n'est pas une compassion feinte & stérile ; je viens vous engager à délivrer Riante, & vous en faciliter les moyens.

Ce discours de la Fée fit sur Gracieux l'effet qu'elle en attendoit ; un Amant ne sauroit se refuser à l'espérance. Ah ! Madame, dit-il, en embrassant les genoux de Lirette, que ne vous devrois-je pas ?.... Levez-vous, lui dit la Fée, ne perdez pas ici votre tems en transports inutiles : mais quel est ce papier que vous lisiez avec tant d'attention ?

Je vous avouërai, Madame, répliqua-t-il, que depuis le moment où l'on m'a si cruellement séparé de Riante, ne comptant sur aucuns secours, je ne me suis occupé que des moyens de la recouvrer. On parle dans ces can-

tons d'un homme qui rend des
Oracles, j'ai été à lui.... Et
que vous a-t-il dit, interrompit
la Fée. Il m'a conseillé, pour-
suivit Gracieux, de me rendre
au marché de la Ville prochaine,
les doigts dans mes oreilles, de
les ouvrir & fermer six fois à
tems égaux, en obſervant les
intervales, & de recüeillir ce
que j'entendrois ; je l'ai recüeilli ;
je le liſois, je n'y comprends rien :
mais vous, Madame, qui ſçavez
tout, expliquez-le moi, je vous
prie.

Thoet. gghi. ffarenum. coc. ter.

Que cela veut-il dire ?... Rien
du tout, reprit la Fée : & avez-vous
payé chérement cet Oracle ?...
Trois piéces d'or, répliqua Gracieux ; & qu'en concluriez-vous ?
Qu'on vous en a donné pour
votre argent, dit la Fée.... Ah !
je vous aſſure, Madame, s'écria

le Chevalier, que le Marchand
d'Oracles n'aura les oreilles cou-
pées que de ma façon. ... Voilà,
reprit la Fée, un couroux dé-
placé, comme si vous n'aviez rien
de mieux à faire : mais le tems
se perd ; vous sentez-vous bien
du courage ? si je m'en sens, Madame? ... Oh, je ne doute pas que
vous ne soyez content de vous,
vous êtes d'âge & de profession à
cela : mais il s'agit ici de choses
si sérieuses, que c'est à vous de
vous examiner. Pour retrouver
l'aimable Riante, il ne faut pas
vous arrêter un seul moment,
quelque danger qui se présente,
quelque besoin que vous ayez de
repos, quelque faim, quelque soif
que vous ressentiez. ... N'est-ce
que cela, Madame, interrompit
Gracieux? ... Ah, reprit la Fée,
si cela vous semble peu de chose,
c'est tant mieux pour nos pro-

jets ; vous pouvez partir dans le
moment, je vais pourvoir à
votre équipage. En difant cela la
Fée frapa la terre de fa baguette,
il en fortit un cheval harnaché.
Tenez, lui dit-elle, prenez cette
monture de ma main, elle eſt
infatiguable. Songez feulement à
vous maintenir dans les périls où
elle pouroit vous engager, même fans votre aveu.

A peine le cheval eut-il paru,
que Gracieux fautant légérement
en felle, prit congé de la Fée,
& partit même fans fçavoir où il
alloit : heureufement pour lui le
cheval Fée fçavoit fa route. Le
Chevalier ne fit que plus de trois
heures après fon départ, la réflexion, qu'il avoit manqué à demander où il devoit aller ; quef-
tion qui ne laiffoit pas d'être
effentielle ; mais ne s'apercevant
de fon étourderie que lorfqu'il

n'y avoit plus de reméde, il prit dans ces circonftances, le parti le plus court, ce fut celui de fe recommander à l'Amour, qu'il fervoit fi bien.

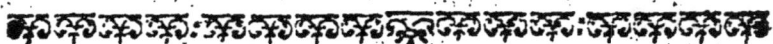

CHAPITRE VI.

Comment le Chevalier acquit de la gloire à grand marché, & du profit qui lui en vint.

LE commencement de la route de notre Voyageur n'eut rien que de commun ; il fuivoit un chemin fort fréquenté, mais la nuit venant à tomber, il commença à s'appercevoir que fa façon de voyager n'étoit pas des plus commodes. Il étoit en effet une maniere de Chevalier errant d'une efpèce affez finguliere ; encore les autres pouvoient-ils entrer dans quelques Chateaux,

dormir à l'ombre des forêts ; lui
ne pouvoit s'arrêter nulle part :
tellement que fur le foir la faim
venant à le preffer , il ne laiffa
pas de regretter certains fruits
fauvages qu'il avoit trouvé fur fa
route , & dédaigné , par délica-
teffe aparemment : il refta donc
fur fon apétit jufqu'au lendemain,
qu'il fut moins difficile. Je crois
qu'il feroit auffi inutile qu'ennuyeux , de vous détailler les pe-
tites incommodités qu'il effuya ,
d'abord la rofée du matin , le
chaud de l'après-midi , le ferein ,
& quelquesfois la pluye de la
nuit. Il n'eût pas aimé fortement
fi ces fortes de chofes euffent fait
impreffion fur lui ; mais voici des
difgraces de plus de conféquence.

Infatiguable , c'étoit le nom de
fon cheval , étoit un animal qui
marchoit par routine , & qui alloit
toujours fon droit chemin ; il n'eft

roc efcarpé qui pût l'arrêter : s'il eût trouvé une maifon fur fa route, il fe fût guindé fur les toits, plutôt que de fe détourner ; c'étoit fon allure ; il fautoit les foffés, franchiffoit les hayes, traverfoit les fleuves ; il eût paffé des bras de mer ; vous jugez bien que quand il trouvoit des bois il fe jettoit dans le fort ; c'eft juftement ce qui lui arriva le fecond jour de fa route ; comme il étoit Fée, les ronces ne trouvérent pas à mordre fur lui ; mais Gracieux ne l'étoit pas ; il fut inhumainement déchiré, & le fort pour le régaler encore de quelque chofe de pis, le conduifit dans une plaine fabloneufe, où tout ce qui fe trouva dans l'air de coufins, frélons, maringuoins, & autres infectes de cette efpèce, s'acharnérent impitoyablement fur fa peau.

Le lendemain notre Chevalier en eut une bien plus terrible, mais il en fut confolé par la gloire qui en a confolé bien d'autres. Je penfe ici, pour vous mettre plus au fait, devoir le prendre d'un peu haut.

Deux Rois de je ne fçai quelle contrée, dont je ne dirai pas le nom; (car je hais les anacronif-mes, & j'en ferois furement; je me connois.) Deux Rois, dis-je, fe faifoient la guerre, fur je ne fçai quel motif : il falloit bien qu'il y en eût un, car on ne fe fait pas la guerre pour rien : je ne vois pas où feroit le mot pour rire : ces Rois avoient affemblé de puiffantes Armées; on y voyoit ceux qui cultivent les bords de la Garonne, du Tage, de l'Ibere; ceux qui fe baignent dans le Pac-tole, ceux qui boivent les Go-belins, & ceux chez qui fe cou-

che le Soleil , & ceux qui le
voyent toujours en son midi , &
l'Amériquain farouche, & le Nor-
mand .... Monsieur l'Abbé, dit
la Marquise, en l'interrompant ,
ne pouriez-vous pas nous faire
des descriptions moins sçavan-
tes .... Sans contredit , Mefdames , reprit l'Abbé, cela veut
dire qu'il y avoit bien du monde
dans ces Armées là , qui se trouvérent sur le chemin que faifoit
Gracieux. La mêlée étoit alors
dans tout son feu. Le Voyageur
voulut se détourner , non qu'il
craignît les occasions de se si-
gnaler, c'est qu'il avoit quelque
chose de plus pressé à faire ; il
essaya de faire prendre une autre
route à Infatiguable ; mais ce bon
courfier , qui quand il vouloit,
n'avoit ni bouche ni éperons,
continua fa route à travers les
lances, aussi légérement que s'il

n'eût traverfé que des guerets. Il
s'enfonce dans les efcadrons ;
renverfe de fon poitrail , à droite,
à gauche , tout ce qu'il rencontre. Gracieux de fon côté, qui
n'avoit point d'armes , mais qui
fçavoit fe comporter dans les
occafions , faifoit des merveilles
à coups de poing : il ne rencon-
tra point de nez dont il ne fit
ruiffeler le fang. On lui portoit
des coups ; il eut même quelques
bleffures affez légeres ; mais fa
bonne fortune le tira de tout. Il
traverfa heureufement l'Armée,
que fon paffage mit fi fort en déroute , qu'elle fut taillée en piéces un moment après : ainfi le
fort d'une bataille fameufe fut
décidé par quelques coups de
poing donnés à tort & à travers, dont le parti vainqueur s'a-
pliqua tout le mérite.

L'action de Gracieux fe fit re-

marquer. Un des Chevaliers de
l'Armée en déroute, de ces gens
qui s'éprennent volontiers de la
belle gloire, fut tenté de fuivre
notre Héros pour faire connoiffance avec lui. Il laiffa fuir les
fiens, à qui aparemment il ne
prenoit pas grand interêt, & fuivit Gracieux au petit galop de fon
cheval. Généreux Chevalier, lui
dit-il, je fuis du parti vaincu ;
mais je ne faurois me refufer aux
belles actions ; vous venez d'en
faire une qui mérite un laurier
immortel : quoi ! fi jeune, &
fans armes ? Ah ! permettez que
je me joigne à vous pour ne m'en
féparer jamais. J'ai quelque vertu,
j'ai du zèle ! fi mon amitié ne
peut vous être agréable, je tâ-
cherai de vous la rendre utile....
Chevalier, lui répondit Gracieux,
la franchife de votre procédé me
touche fenfiblement ; mais quand

vous me demandez mon amitié,
sçavez-vous quel souhait vous
faites? vous voulez partager ma
fortune; hélas! je n'ai que des malheurs à vous offrir. . . . Eh, qui
serois-je, reprit vivement l'Inconnu, si m'offrant pour votre ami,
je refusois de m'associer à vos
malheurs? Non, Seigneur, si vous
me permettez de vous suivre,
peu m'importe de quel œil la
fortune me regarde; je ne senti-
rai jamais que les revers qui tom-
beront sur vous : mais j'entrevois
un bocage frais, j'entends un
ruisseau qui murmure, descen-
dons sous ces ombrages: avant de
faire l'office d'ami, souffrez que
je fasse celui de confident : d'ailleurs vous devez avoir besoin de
repos. Ah! vous avez donné les
plus horribles coups! Enfin, on
ne vous connoît dans l'Armée
que sous le nom du Chevalier des
coups de poing.

Seigneur, reprit modeſtement Gracieux, vous faite trop valoir une action très médiocre; elle m'a fatigué, il eſt vrai, mais telle eſt ma deſtinée, que contre l'ordinaire de tous les hommes, ce n'eſt que par des fatigues nouvelles que je me délaſſe des fatigues que j'ai ſouffertes. Je ne puis prendre aucun repos; je ne m'en plaindrai pas; le prix qui m'eſt propoſé eſt bien au-deſſus de tous mes travaux. Je vais vous faire le récit de mes infortunes. Je ſçais qu'il n'eſt ni convenable, ni uſité, (c'eſt-à-dire qu'il n'eſt pas d'uſage) de conter chemin faiſant, ſes malheurs; mais par ce que je vous dirai par la ſuite, vous verrez que je ſuis dans l'impuiſſance de faire autrement. Alors Gracieux, non ſans laiſſer échaper quelques ſoupirs, fit un détail circonſtancié de toute ſon Hiſtoire, que l'In-

connu interrompit par quelques exclamations qu'il varia du mieux qu'il put. Eh bien ! Seigneur, lui dit Gracieux, dès qu'il eut fini, êtes-vous maintenant curieux de me fuivre ? vous fembleroit-il doux de paffer les jours, les nuits à cheval, de vivre de fruits fauvages, enfin de mener la vie que je méne, vous qui n'y feriez engagé que par le motif de l'eftime, ou tout au plus d'une amitié naiffante ? . . . Quoi ! Seigneur, répartit l'Inconnu, douteriez-vous de ma fincérité ? L'attachement que je vous vouë eft dans toute fa force. Je ne fçai pas aimer à demi. Mais il eft néceffaire, pour vous infpirer la confiance que je mérire, que je vous dife à mon tour qui je fuis. Je ne vous demande qu'une grace; mon cheval fe fatigue, fouffrez que je partage le votre, il eft
d'une

d'une nature à ne pas plier sous
un fardeau de plus. Je serai plus
près de votre oreille ; je parlerai
plus commodément, & vous
m'en entendrez mieux. L'Inconnu exécuta son projet dans le moment, & commença ainsi son
Histoire.

CHAPITRE VII.

Histoire de Brillandor, interrom-
puë tout naturellement.

JE m'apelle Brillandor ; si vous
me voyez le tein un peu rous-
sâtre, (& il l'avoit en effet) c'est
que je suis originaire de la Lune.
Vous me paroissez surpris ? Il ne
faut pas me regarder pour cela
comme un homme tombé des
nuës. Je ne suis pas le premier à qui
il soit arrivé de passer d'une Planette à l'autre.... Mais comment

E

cela fe fait-il ? demanda Gracieux;
... tout naturellement, reprit Brillandor. Sçavez-vous ce que c'eſt
que la gravitation?... Non, répondit Gracieux , je n'en ſçais pas un
mot... C'eſt quelque choſe de fort
joli , dit Brillandor ; mais il faut
trop de tems pour l'expliquer ;
qu'il vous ſuffiſe de ſçavoir que
par le moyen de cette vertu, toutes les têtes pleines de cervelle
gravitent vers la terre , & toutes
celles qui n'en ont point , vers la
Lune. Vous devez juger par là
que ma Planette n'eſt peuplée que
de têtes à l'évent ; auſſi les Habitans ſont ſi légers que leurs
pieds ne touchent pas à la Lune.
Comme ils ſont prévenus du
danger qu'ils courent s'ils ne ſe
maintiennent pas le cerveau libre,
ils pratiquent dès la jeuneſſe quantité de ſecrets pour cet effet. Ils
ont des livres faits exprès pour

cela ; on n'en fait même plus
d'autres. De la lecture de ces livres ils passent à des conversations
de même espèce ; aussi faut-il
convenir qu'il ne leur reste pas
l'ombre du sens commun.

Dégouté de tout tems de leur
façon de faire & de penser, bien
loin de m'apliquer dans ma jeu-
nesse à me vuider le cerveau, je
mis toute mon attention à le rem-
plir. Je n'étoit pas fâché de quitter ma patrie que je n'aimois
point, & de graviter vers celle-ci
où mon gout m'inclinoit déja ;
pour cela j'évitai la compagnie
des gens de mon âge, & fis mes
lectures ordinaires des ouvrages
d'un homme qui avoit gravité un
siécle auparavant.

Ma tête, en suivant ce régime,
s'emplit bien-tôt de quantité
d'humeurs étrangeres, de façon
que devenant plus lourde de jour

en jour , je fus entrainé vers la
terre avec une violence à laquelle
il me fut impoſſible de réſiſter ;
je n'eus que le tems de m'envelo-
per dans mon manteau , par un
trait de prudence dont je me ſçus
bon gré par la ſuite , car j'évitai
par ce moyen quantité d'influen-
cés catareuſes qui m'aſſaillirent
ſur le chemin. La Lune étoit à
ſon premier quartier quand je la
quittai , elle peut bien s'être re-
nouvellée trente-ſix fois depuis.
.... Ah ! que vous vous ennuyâ-
tes , dit Gracieux. Pourquoi ,
reprit Brillandor , le Ciel n'eſt-
il pas un Païs curieux ? D'ailleurs les profondes études que j'ai
faites m'ont rendu ſujet à des
diſtractions qui m'épargnent l'en-
nui de la ſolitude , & même celui
des mauvaiſes compagnies. Ce
qui doit vous ſurprendre , c'eſt
que j'aie paſſé tout ce tems ſans

manger ; mais on n'en a aucun
befoin dans la moyenne région,
foit que l'air y foit peu propre à
la digeftion, ou nouriffant par
lui-même….. S'il avoit plû à la
Fée, interrompit de nouveau
Gracieux, j'aurois voyagé par ce
Païs-là ; au moins n'aurois-je fait
ni bonne ni mauvaife chere, & je
n'aurois pas tant trouvé de ronces
fur le chemin. Brillandor reprit
la parole. J'arrivai à la Terre en
gliffant le long d'un Arc-en-Ciel
couleur de rofe, aurore & bleu.
Je vous avouërai que ce monde-ci me charma au premier coup
d'œil; ce n'eft pas que la Lune dif-
fére effentiellement de la Terre ;
on y voit des plaines, des fleuves,
des forêts ; mais tout y eft défi-
guré. Ici on fe plaît à conferver
les beautés de la nature ; on fe
plaît là-haut à les détruire ; en un
mot mes compatriotes ont fait

de leur Lune un théatre digne
d'eux.

Le Lunatique a le déhors aimable, une vivacité qui plaît &
qui prévient ; mais pour vivre
avec lui, il faut être auffi frivole
qu'il l'eft lui-même ; s'occuper
de bagatelles ; changer, à propos
de rien, de gout, de façon de
penfer, de fentiment, de caractére , enfin vivre en giroüette.

Jamais il ne parle deux jours
de fuite le même langage ; aujourd'hui c'eft un jargon, demain
il fe fervira d'un autre : en deux
minutes il change d'ajuftement,
de maintien, pour ainfi-dire de
figure ; *vous fortez de le voir,*
vous le revoyez dans le moment,
& il eft étranger pour vous ; mais
il ne l'eft jamais pour lui-même:
aucune métamorphofe ne le gêne;
il fe prête à toutes ces révolutions avec une docilité charman-

te : il eſt dans ſon élément : il eſt inconſtant ; mais il eſt fait pour l'être.

Les femmes y ſont maintenant les ſeules Divinités du Païs ; chaque mari dans ſa maiſon, eſt un Prêtre qui travaille à rendre la Déeſſe favorable aux vœux des étrangers qui l'implorent , en l'irritant contre lui-même ; mais un Prêtre deſintereſſé , qui ne demande jamais rien pour lui. Au demeurant, il eſt chargé de l'entretien de l'Idole ; car il faut la parer , le Peuple ſe prend par les yeux.

Il ſeroit aſſez difficile de ſe faire une idée d'un femme Lunatique, elle ne reſſemble en rien aux femmes de ce Païs. Ici quand on a quelques traits , du naturel , de la pudeur , on a tout ; là-haut tout cela ne méne à rien ; elles ſe donnent des agrémens qu'elles inventent , & qu'elles ne doivent qu'à elles-mêmes , & la nature n'eſt qu'une ſote.

Elles ſont vives , enjoüées , hardies , même un peu foles , & ſur tout coquettes ; mais ſi amuſantes qu'elles font excuſer tous leurs travers. Je les idolâtre encore ; non que les femmes de ce monde-ci me ſoient indifférentes ; mais ſi je me trouvois jamais entre les unes & les autres, je les aimerois toutes pour m'épargner l'Embaras du Choix.... Le tour ne ſeroit pas mal adroit , interrompit Gracieux.

Avec tant d'agrémens, reprit Brillandor, ces Dames n'inſpirent point d'amour , elles ne font naître que du gout, & ce ſentiment les contente : elles évitent tout ce qui contraindroit leur humeur volage ; il leur faut des amuſements , & non des paſſions.

Le

Le caprice fait chez elles ce que le deſtin fait ailleurs, ce qu'il prononce eſt irrévocable. Mais j'aurois beau parler ſur leur compte, je n'épuiſerois pas la matiere. Je crains même qu'en en parlant trop, je ne me faſſe ſoupçonner d'en avoir été mal reçû : il eſt vrai que le caprice ne leur a pas parlé pour moi ; mais comme on ne m'a pas fait des traitemens plus doux ſur la Terre, j'ai toujours penſé que cela venoit plus de ma faute que de la leur..... Ah ! dit Gracieux, en l'interrompant, Seigneur, vous cherchez..... Non, je ne cherche pas de compliment, reprit le Chevalier Lunatique ; je vous avouërai même, que je me ſuis étonné vingt fois, de ce qu'étant fait ſur un certain modéle, ne manquant ni d'eſprit ni de courage, j'aie toujours été le plus malheureux de tous les ga-

G

lants du monde ; vous vous en étonnerez vous-même en entendant mon Histoire.

Mon premier soin dès que je me vis Habitant de ce monde, fut de choisir ma Profession. Comme je ne hais point la gloire, & que je crains peu la fatigue, j'embrassai la Chevalerie Errante, qui me convenoit à merveille. Le gout des avantures me détermina encore ; car qu'est-ce qu'une vie sans avantures ? c'est un tissu d'ennuis ; d'ailleurs j'avois trop bien débuté pour rester en si beau chemin. Je passe sous silence ces combats journaliers, ces succès malheureux ou favorables auxquels un homme de notre état est sujet : je viens tout de suite à des faits de plus d'importance.

Comme je traversois le Royaume de Congo, je fus tenté de

voir la Princesse Houhoukéké qui en étoit Souveraine. J'arrivai dans la Capitale le jour d'un Tournois. J'entrai en lice, & j'en eus tout l'honneur. C'étoit m'annoncer par un début brillant. Je fus recevoir à l'Amphitéatre le prix, des mains de la Princesse. Je la vis, je l'aimai ; il étoit impossible de faire autrement, car elle étoit charmante. Je ne pourois en faire que de foibles portraits.

L'avantage que j'avois remporté me donna lieu de m'introduire à sa Cour. Je crus d'abord apercevoir dans ses regards quelque chose de favorable pour moi; mais je ne conservai pas longtems ce foible avantage.

Houhoukéké (d'ailleurs toute charmante) avoit les plus vilaines mains du monde, & la fureur de les montrer ; mais l'empressement de la Cour à les loüer sans cesse, étoit ce qui m'étonnoit le plus. Moi je gardois là-dessus un silence froid. J'eusse crû insulter la Princesse, en loüant quelque chose d'aussi laid, lorsqu'il y avoit d'ailleurs un si beau champ pour admirer. Mon silence fut remarqué par mes Rivaux ; ils l'interprétérent, & je perdis la faveur : mais le mal n'eût pas été sans reméde, si mes concurrents n'eussent pris le parti d'aller jusqu'à la Chine, soutenir dans un Tournois, sous le nom de Chevaliers des Belles - mains , qu'Houhoukéké avoit les plus belles mains du monde. A ce trait, ne pouvant rester à la Cour, ni me mêler parmi ces insensés , je tournai mes vuës d'un autre côté. . . .O h! pour le coup, dit Gracieux, je ne vous comprends pas ; que vous eût-il couté d'aller joûter à la Chine ? Vous avez tant de fois

joûté à propos de rien ! Il s'agiffoit pour vous d'un bonheur .....
Bonheur, ou non, reprit Brillandor, cela m'importe peu. On
m'offriroit toutes les Princeffes de
la Terre, l'Univers s'armeroit
contre moi, que je dirois toujours qu'Houhoukéké à de vilaines mains; à plus forte raifon ne
joûterai-je pas pour foutenir le
contraire. Je ne puis pas prendre
fur moi de défendre les mauvai-
fes caufes. Après cette avanture,
pourfuivit Brillandor, croyant
être devenu fage à mes dépens,
je réfolus, puifqu'enfin il falloit
flatter le foible des Dames pour
leur plaire, de donner dans ce
travers. Comme je voyageois len-
tement, j'arrivai à la Chine lorfqu'il y avoit déja long-tems que
les Amants d'Houhoukéké en
étoient partis.

Skobelousku, fille du Roi de

la Chine, n'étoit pas à beaucoup
près si belle qu'Houhoukéké ,
mais elle étoit plus piquante....
Il me semble , néanmoins , dit
Gracieux, (dont le fort étoit de
faire des remarques) que l'héri-
tiere de Congo devoit être plus
brune..... Eh bien, reprit Brillandor , l'autre étoit plus piquante ;
je vous le dis , je m'y connois.

J'avois oüi dire qu'entre autres
fantaisies (car Skobelousku en
avoit quelques-unes) elle avoit
le foible d'aimer les jambes bien
faites. Je l'ai naturellement très
fine ; mais pour flatter la Princesse dans son gout , je crus devoir y ajouter quelques agrémens
d'emprunt. D'abord ma ruse eut
tout l'effet possible , Skobelousku
trouva ma jambe faite à ravir ,
& sur ce passeport me permit de
lui faire assidûement ma cour.

Je ne sçai si la jalousie éclaira

mes Rivaux, ou si maladroite-
ment je m'avisai de placer un
jour le gras de ma jambe de travers ; mais le bruit de ma super-
cherie se répandit , & l'on forma
le dessein de me convaincre. On
indiqua des joûtes pour amuser la
Princesse ; j'y vins paré , à mon
avantage , & me plaçai à côté de
mes concurrens. Au signal je voulus partir avec les autres ; mais au
premier effort que je fis , je m'a-
perçûs que ma jambe étoit ac-
crochée à la barriere par un petit crampon de fer ; j'eus beau ca-
racoller , il falut y laisser mes dé-
poüilles. Quelque Page m'avoit
joüé ce tour.

Bientôt on abandonna les joûtes pour venir rire de mon avanture ; mais le plaisir couta cher
aux rieurs ; car à peine fus-je en
liberté , que saisissant ma lance à
deux mains , ma bride entre mes

dents , je gagnai la plaine en frapant à droite & à gauche. Je ne fçai où je pris tant de forces ; c'eſt la fureur qui m'animoit ; mais il faut que dans cette avanture j'aie meurtri plus de deux mille Chinois.

Comme Brillandor en étoit à cet endroit de ſes avantures , il s'aperçut que Gracieux dormoit : il attendit quelque tems. Enfin voyant qu'il ne s'éveilloit pas , n'oſant par politeſſe le tirer de ſon ſommeil , ne voulant pas conter à vuide , il prit le parti de chercher à s'endormir de ſon côté.

L'Abbé en parlant ainſi, s'aperçut que les Dames étoient un peu plus qu'aſſoupies , & regardant la réſolution de Brillandor comme un conſeil pour lui , il ſortit. Il ne tiendra qu'au Lecteur de s'endormir auſſi , ſi l'avis lui ſemble bon.

✠✠✠✠✠✠✠✠✠✠✠✠✠✠✠

CHAPITRE VIII.

Gracieux donne dans le Pot au noir. Suite de l'Histoire de Brillandor. Ce que devint ce Chevalier.

NOs Chevaliers dormoient déja depuis longtems, lorsque Gracieux fut réveillé par un horrible coup qu'on lui déchargea sur la tête : il l'eût rendu, s'il eût trouvé à qui le rendre, car il n'étoit pas endurant ; mais n'apercevant rien, parce qu'il faisoit très obscur, & qu'en effet il n'y avoit personne, ah ! si jamais je te rencontre ! s'écria-t-il. Qui, Seigneur ? lui demanda Brillandor. .... Celui qui vient de me blesser, répondit Gracieux, (en se bandant la tête avec son écharpe.) Etes-vous blessé, répliqua

le Chevalier Lunatique. Oüi ,
à la tête , repartit Gracieux.
Mais nous fommes dans une caverne , dit Brillandor , ne feroit-
ce pas que vous vous feriez caffé
la tête à l'entrée , qui fans doute
eft trop baffe , tandis qu'il ne
m'eft rien arrivé , à moi qui fuis
plus petit que vous ? Gracieux vit
bien qu'il pouvoit en être quelque chofe , il laiffa tomber ce
propos , & fit des excufes à Brillandor fur ce qu'il s'étoit endor-
mi , le priant de reprendre le fil
de fon Hiftoire. Le Chevalier
Lunatique qui ne vouloit qu'être
entendu , pourfuivit fon récit
dans ces termes.

Au fortir de la Chine , la Cour
du Mogol me fembla mériter mon
attention. J'y fus , & pendant
long-tems j'y vécus ignoré , n'ayant
pas d'occafions de faire des actions d'éclat. Je crois que je ne

fuffe jamais parvenu à me faire connoître, fans le prodigieux talent que j'ai pour deviner les énigmes, même les plus obfcures. Il eft vrai que je n'en manque pas une.

L'énigme étoit l'amufement favori des trois Princeffes héritiéres du Throne du Mogol. Elles en faifoient continuellement ; elles les propofoient à leur Cour, avec un prix pour les heureux. Je me fignalai par des fuccès fi fuivis dans ce genre, que bien-tôt je m'attirai quelque diftinction.

Dès que je me vis fur un certain pied à la Cour, je cherchai à me faire des intrigues : je parlai d'amour à Mina la plus belle des trois Princeffes, quoique je fuffe fûr d'avoir un Rival préféré ; mais c'étoit un jeune homme médiocre pour l'efprit, pour le courage, & qui n'avoit que de la

beauté. Dès que je trouvai occafion d'entretenir la Princeffe, au
détail que je lui fis de mes fen-
timens , je mêlai quelques dif-
cours à mon avantage , quelques
épigrammes contre mon Rival,
(pour avancer plus promtement
mes affaires, en le détruifant auprès d'elle.) Le premier jour la
Princeffe me donna des énigmes
à expliquer , au lieu de m'entendre ; le fecond jour il lui prit des
vapeurs , & le troifiéme on me
refufa l'entrée de fon apartement.

Dans le dépit qui m'animoit,
je fus offrir mon cœur à la Princeffe Belbé fa cadette , qui fans
être auffi touchante , avoit fes
charmes. Elle me reçut comme
une belle reçoit l'Amant d'un
autre. (Il y a , il eft vrai , des
diftinctions pour les heureux , &
pour ceux qui ne le font pas.)
Vous m'aimez, Seigneur ! me

dit-elle , auriez vous donc ou-
blié les charmes de Mina ? J'entrevois la caufe de votre change-
ment ; vous m'aportez des hom-
mages qu'on refufe ailleurs. Je crus
devoir dans cette occafion , lui
exagérer la beauté de Mina , afin
d'excufer mon penchant pour
cette belle. C'étoit même une façon de confoler Belbé , d'être
mon pis-aller au refus de la plus
charmante Princeffe du monde.
Ce que vous auriez peine à croire,
Seigneur , & ce qui n'arrivera jamais qu'à moi , la Princeffe me
tourna le dos , & ne m'a jamais
regardé depuis.

Cette difgrace me fit quitter le
Mogol plutôt que je n'euffe voulu.
Il ne tenoit qu'à moi de me dé-
clarer Amant de la troifiéme Princeffe , & de briguer un nouveau
refus ; mais ne trouvant rien d'affez piquant dans cette avanture ,

je réſolus d'aller en Perſe.

Je m'arrêtai en paſſant, à la Cour de Candahar. La Reine de ces contrées, quoique entre deux âges, conſervoit encore des agrémens. Je voulus eſſayer ſi mon étoile m'épargneroit auprès d'elle; mes commencemens ne furent pas malheureux. Je fus bien-tôt, entre les Courtiſans, celui qu'elle honora le plus de ſa confiance; j'étois de tous ſes plaiſirs. Un jour je me hazardai à lui parler tendreſſe; j'eſſuyai des caprices, des hauteurs, & même des dédains; mais comme il faut que tout finiſſe, enfin dans un moment où nous étions ſeuls, & où je la preſſai plus qu'à l'ordinaire, elle m'avoüa que je ne lui étoit pas indifférent. A ce coup je me crus deſenchanté; car j'ai toujours crû l'être ſur le chapitre des bonnes fortunes. Je me jettai à ſes ge-

noux ; on m'y surprit presque.
Elle en rougit. Je me relevai,
forcé de contraindre mes transports ; mais je fis paroitre tant de
gaieté le reste de la journée, qu'un
mauvais plaisant, qui se douta
du fait, fit un conte anonime : il
étoit vif ; la Reine ne me l'a jamais pardonné. Elle prétendit que
j'avois manqué de discrétion, &
que qui ne savoit pas taire les pe-
tites faveurs, n'étoit pas digne
des grandes.

Gracieux s'endormit pour la
seconde fois, en cet endroit du
récit de Brillandor. Le Chevalier Lunatique se promit bien de
s'adresser mieux à l'avenir, pour
conter ses avantures. Je crois que
vous n'avez pas lieu d'être sen-
sibles à son dépit. En effet, Mesdames, qu'y perdez-vous ? c'étoit
un fou d'une espèce mélancoli-
que, qui n'a pas dû vous amuser.

Tandis que Gracieux dormoit, la Fée Troisbosses se trouva sur son chemin ; elle couroit le monde sur certaines inquiétudes, dont par la suite je vous débroüillerai le motif. Si elle avoit reconnu le Voyageur c'étoit fait de lui. Imagineriez-vous qu'il dut son salut à cette écharpe dont il s'étoit envelopé la tête , & qui le rendit méconnoissable aux yeux de son ennemie. Ainsi pour éviter la mort , il falloit nécessairement qu'on lui fit un conte , qu'il s'endormît, qu'il se cassât la tête, qu'il l'envelopât , pour ne pas remonter plus haut , car cela nous meneroit insensiblement jusques aux coups de poing. Quel enchainement !

Mais un autre coup du bonheur ; il falloit qu'il se rendormît de nouveau, sans cela il eût reconnu la Fée , se fût troublé,

&

& son trouble l'auroit trahi : non,
il y a là dedans des arrangemens
admirables. Je ne sçai point pour
cette fois, si Brillandor s'endormit. Il faudroit qu'il eût eu le som-
meil à commande. Pour ce qui
est de Gracieux, il ne dormit pas
long-tems, & ce second réveil
fut bien moins disgracieux que le
premier. Infatiguable s'arrêta, &
hennit de toutes ses forces. Le
Chevalier ouvrit les yeux, & vit
qu'il étoit à la porte d'un Palais
superbe. Il conçut dans le moment, que puisque son cheval
s'arrêtoit, il étoit nécessaire qu'il
entrât dans ce Palais. Il ôta son
écharpe de dessus sa tête, pour
avoir l'air plus séant, & descen-
dant du coursier, il se jetta pré-
cipitamment dans le vestibule.
Le Chevalier Lunatique voulut le
suivre ; mais les deux battans de
la porte se fermérent à son nez.

H

Dans cette extrémité, forcé de revenir sur ses pas, il chercha le cheval Fée, qui étoit disparu; enfin il fut contraint de s'en retourner tristement à pied. Il n'y a pas de mal à cela : il seroit à souhaiter qu'il en arrivât autant à ces curieux, ces ennuyeux qu'on porte sur les épaules, qui s'acharnent, qui poursuivroient leur proie jusqu'au bout du monde ; gens qui se livrent à tout, toujours disposés à s'informer, à blâmer à tort & à travers ; à parler d'eux continuellement, soit en bien, soit en mal, ce qui est égal; car c'est toujours la vanité qui les fait parler.

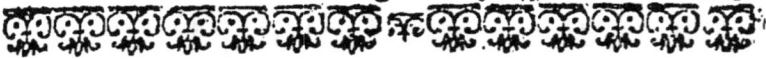

CHAPITRE IX.

Où l'on verra donc encore un Ca-
napé; & quelques parenthèses.
Gallerie. Combat.

GRacieux, du vestibule péné-
tra dans la cour, de là dans
différens apartements, sans trouver, à sa grande surprise, personne à qui il pût demander pourquoi il y étoit venu, n'en sça-
chant rien lui-même. Las enfin de
parcourir inutilement, il s'arrêta
dans une chambre dont l'ameublement lui plut, parce qu'il étoit
couleur de rose, & que c'étoit sa
couleur favorite. Il s'assit sur un
Canapé, l'esprit & le cœur toujours occupé du même objet, c'est
à-dire de Riante, puisqu'il n'a-
voit pas cessé de penser à cette
belle depuis qu'il l'avoit vuë. Peus-

H ij

être ai-je failli de le dire jufqu'ici : un conteur peut bien s'é-
garer ; mais le cœur d'un Amant
ne s'égare pas.

Tandis que Gracieux s'occu-
poit du projet de la délivrance de
Riante, de craintes de ne pas ar-
river affez tôt, de défiances de lui-
même, le Canapé fur lequel il
étoit, fit un mouvement ; cela lui
parut extraordinaire dans un
meuble affez neuf ; mais le mouvement augmentant toujours, cela lui fembla bien plus fingulier,
jufqu'à ce qu'enfin le Canapé
prenant la parole, acheva de l'in-
terdire abfolument. Bonjour, beau
Chevalier, lui dit le meuble doüé
d'intelligence. Eh ! qui es-tu,
toi qui me faluë ? reprit Gracieux. Je fuis, reprit le meuble,
une pauvre femme changée en
Canapé, pour m'être attiré le
couroux d'une Fée. Il ne faut pas

que cela te furprenne, rien de fi familier maintenant, rien de fi fort à la mode que ces fortes de métamorphofes. .... C'eft encore, dit Gracieux, un avantage pour une femme, d'être métamorpho-fée à la derniere mode. ... Cette mode là n'a pas réuffi, reprit le Canapé, auffi eft-il vrai que mes compagnons de fortune ont été fujets à grand nombre d'inconvé-nients fâcheux. N'allez pas en croire autant de moi : il y a Ca-napés & Canapés. Je fuis un hon-nête meuble, dont les avantures ne fcandaliferont jamais perfonne. C'eft ici le Palais où les Fées s'af-femblent à certains tems de l'an-née. Elles ont (par efprit de ménage) meublé tous leurs apar-temens des objets de leur colere, & je leur en fçai bon gré. N'ai-mai-je pas mieux, dans le fond, être Canapé, que belette, ci-

troüille, ou cornichon ? Pourvû
qu'on ne foit pas de ces Canapés
.. .. vous m'entendez Seigneur ?
Il faut toujours faire fon métier
honnêtement, s'il fe peut ; ce n'eft
pas l'efprit, ce n'eft pas la bro-
derie, c'eft l'honnêteté qui pare
les gens ; encore avec cela faut-il
avoir l'attention de ne pas en-
nuyer fon monde. Chacun fçait
que je fuis ici pour avoir été trop
bonne : je ne m'en plaindrois pas
fi l'on ne m'eût mife en mauvaife
compagnie ; mais c'eft pitié que
tous ces gens-ci. Cette Sonnette
qui eft fur la cheminée : le mauvais petit caractére ! Elle voit la
Fée Belle en rendez-vous avec un
Berger: (C'étoit un Berger fils de
Roi, qui gardoit les moutons
pour fon plaifir : & s'il vous plaît,
il n'y avoit qu'honneur dans leur
fait :) elle va le dire à toute la
contrée. Moi je fis le contraire ;

je donnai azile à deux Amants
qu'on pourfuivoit : tout mon cri-
me eft d'avoir eu trop de com-
paffion : c'eft la fantaifie des bons
cœurs. Mais confiderez ce gros
Fauteüil, c'eft un Bonze : ah que
cela faifoit un vilain homme !
menteur, avare, hypocrite : il
avoit autant de defauts pour lui
feul, qu'il en faudroit pour en
faire méprifer trois autres. Il en
impofoit avec un crâne pelé,
quelques cheveux blancs tout au
tour, une marche compofée, des
yeux mourants ; mais il aimoit la
bonne chére & tous les plaifirs :
il eût plutôt vendu la Pagode,
que de fe les refufer.

Là bas, dans l'encognure, c'eft
un Mandarin. Ah, quel fainéant !
Nous avons l'ufage de la voix une
fois tous les ans, il ne s'en fert
jamais, cela le fatigueroit trop :
il a paffé la moitié de fa vie à

manger, à dormir, il passera le
reste à rester là, & à se taire. Je
vois, dit Gracieux, (en interrompant le Canapé) que vous pos-
sédez à fond l'histoire médisante
de votre voisinage ; ce n'est pas ce
qui m'inquiéte : n'auriez-vous aucune connoissance de mon fort ?..
J'en sçai bien quelque chose, reprit le Canapé ; écoutez encore
quelques portraits, je veux vous
mettre en païs de connoissance.
.... Mais vous feriez aussi bien
d'en rester là, répliqua Gracieux.
Oh ! répondit le Canapé, je
ne veux pas qu'on me reproche
.... Ah ! continuez donc, dit
tristement le Chevalier, puisque
votre parti est pris, mais je vous
avouë que je ne goute point les
portraits. .... Ce joli petit coli-
fichet qui est sur la cheminée, en
forme de Boujoir, reprit le Canapé, c'étoit ce qu'on apelle un
bel

Bel Efprit, ainfi métamorphofé,
pour avoir tourné une Fée en
ridicule. Sçavez-vous ce que c'eft
qu'un Bel Efprit ?.... Non, reprit
Gracieux, je n'en fçai rien ; mais
pour peu que cela vous reffem-
ble, cela doit être fort ennuyeux.
.... Qu'apellez-vous, ennuyeux?
Il n'eft rien de fi charmant dans le
monde. Ah ! vous parlez de portraits ; c'étoit un homme pour
faire des portraits , que celui qui
eft fur cette cheminée là : c'étoit
dommage qu'il eût trop d'efprit ;
mais je lui ai vû reprocher ce
deffaut par ceux mêmes qui n'y
comprennent rien. Ah ! je voudrois que vous l'entendiffiez
quand ce fera fon tour à parler.
Enjoüé, fublime, naturel, délicat
& familier tout emfemble : s'il fe
livre à fa verve, ce font des traits
faillans , du feu , des éclairs , de
la tempête ; l'imagination brille.

I

l'esprit la seconde, ils renaissent où l'on croiroit qu'ils s'épuisent ; ils augmentent, ils étonnent, & la raison . . . . La raison ? reprit Gracieux, je ne vois pas qu'elle ait rien à faire dans tout ce pot pourri : en vérité, Canapé mon ami, vous & votre Bel Esprit, vous extravaguez tous deux : ah la maussade chose qu'un Bel Esprit ! si je le deviens jamais. . . . Mais, continua-t-il, ne pourriez-vous pas me retrancher quelque chose de ce sot entretien ?. . . . Vous me le répéteriez cent mille fois, reprit le Canapé , que je n'en dirois ni plus ni moins. Il y a un an que je me tais, pour laisser dire des sotises aux autres ; c'est à mon tour de parler ; je parle, je parlerai, & vous m'entendrez : un moment de patience, & vous saurez tout : qu'est-ce que vingt ou trente portraits que j'ai à vous faire? L'Ecran garni de découpures, c'eſt un jeune homme dont l'avanture eſt plaiſante. C'étoit une de ces têtes à l'évent, qui croyent ne rien devoir aux femmes, parce qu'ils leurs reſſemblent. Un jour, dans un cercle où il ſe trouva, il ſoutint à une Fée qu'elle étoit vieille, quoiqu'elle ne parût pas avoir plus de quarante-cinq ans. On fut ſurpris un moment après qu'il eût lâché la ſotiſe, de ne voir qu'un Ecran, où il y avoit un Fat. La Dame s'étoit vengée ſur le champ, ſans lui faire changer, ni de place, ni de fonction : car avant la métamorphoſe, il avoit le dos contre la cheminée, & ſervoit déja d'écran à toute la compagnie.

Cette Table entre deux Fauteüils, c'étoit une femme d'un certain rang, qui ſe mêloit hautement de dévotion, ſourdement

de galanterie , & même de plus
d'une : d'abord avec un vieil Enchanteur pour le fecret ; enfuite
pour le ragout , avec un Apren-
ti Bonze. L'Enchanteur décou-
vre fon Rival , l'envoie à fa Dame changé en Caffolette. La Belle
reconnoît fon Amant rien qu'aux
odeurs ; le froid la faifit , elle de-
vient marbre , & la voilà placée
entre deux filles de vertu commode, qui la remercient du foin
qu'elle prit toujours de cenfurer
leur mauvaife vie.

Ah , j'oubliois mon ami le Tabouret , autrefois le Doyen des
Adonis ; toujours tiré , toujours
mufqué, toujours fade ; il n'eſt
pas là pour avoir porté la perru-
que blonde , les dents poſtiches
pour s'être vanté mal à propos de
bonne fortune, mais pour avoir
demandé certain rendez-vou
dont il fe tira cahin-caha. On di

que beaucoup de nos jeunes gens
ne s'en tireroient pas mieux ;
mais ils sçavent se faire excuser.

La Pincette est un femme réduite là pour un trait de satyre ;
c'étoit cependant un de ces su-
jets minces, qui ne semblent pas
faits pour parler des autres. La
Pendule est une babillarde. Les
Girandoles des coquettes. Le
Pleïant un flatteur. Le Miroir un
médisant. Les Chenets des im-
portuns. La Pelle une tracassiere.
Les Rideaux des menteurs . . . . .
Tandis que le Canapé étoit dans
ce torrent d'invectives, tout à
coup les meubles de la chambre
firent de grands mouvements. La
Sonnette commença la sédition ;
elle n'eut pas sitôt donné le signal,
que Chaises, Fauteüils, Tables ,
tout l'ameublement enfin, accourut sur le Canapé. Gracieux surpris, comme il devoit l'être, d'un

tel incident , fe leva , & voulut
gagner la porte, pour éviter le
choc , lorfque fes pieds rencon-
trérent un Pot de chambre d'argent , qui rouloit de toutes fes
forces de deffous le lit , pour fe
trouver dans la mêlée. Notre
Chevalier trébucha , alors il devint malgré lui , témoin de la bataille la plus finguliere qui fe foit
jamais donnée ; mais témoin in-
tereffé , car le fort des coups lui
tomba fur le dos.

Le Canapé ne vit pas plutôt
fondre l'orage , qu'il fe prépara
à le foutenir. Le Tabouret fut fa
premiere victime , il le rejetta
loin de lui les quatre pieds en
l'air , & cet infortuné entraîna en
tombant, la Pincette & la Pelle ,
que le defir de la vengeance ame-
noit au combat , fans autre ref-
fource qu'un peu de courage , &
beaucoup de colere ; mais la

chute de trois ennemis ſi peu re-
doutables, ne fit que raſſembler
autour du Canapé de nouveaux
périls. Un adverſaire digne de lui
ſe préſente : c'eſt le Fauteüil : ils
ſe meſurent quelques tems, prêts
à s'élancer l'un ſur l'autre ; bien-
tôt ils ſe ſerrent ; chaque coup
qu'ils ſe portent réduiroient en ca-
nelle tout le magazin d'un Fri-
pier. Le Fauteüil répare en adreſ-
ſe, en légéreté, ce qui lui manque
en force ; il ſemble même pendant quelque tems, avoir l'avantage de la lute ; mais enfin le
Canapé, par un dernier effort,
l'ébranle, le ſouléve, & le ren-
verſe ſur le parquet : il tombe
comme un cedre du Liban frapé
de la coignée. A ce coup la colere
des autres meubles, que la curioſité de voir un ſi beau pair
d'athelétes, avoit ſuſpenduë, re-
naît, ils s'élancent de concert ſur

leur ennemi commun; ceux qui
ne peuvent se mêler parmi les
combattans, respirent leur fureur,
& leur inspire celle qu'ils ressen-
tent. Le bruit de la Sonnette aug-
mente, le mouvement de la Pendule redouble, le Parquet se sou-
léve, les Rideaux courent le long
des tringles ; ils reviennent , ils
recourent encore ; ils frémissent
de voir leur rage enfermée dans
un espace si court. Le Miroir se
ternit, pour ne pas retracer, & les
horreurs de cette mêlée , & le
malheur des siens. Car enfin , le
Canapé , toujours heureux , toujours vainqueur , dispersa ses ennemis , & les força à lui donner
la paix , après s'être acquis dans
cette journée un honneur immortel. Si quelque chose pouvoit di-
minuer sa gloire, c'étoit que s'é-
tant toujours tenu sur le dos de
Gracieux , cela lui donna l'avan-

tage du terrain. Il falloit que ce Canapé eût été dans fon tems une vigoureufe femelle.

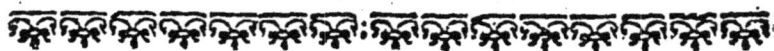

CHAPITRE X. ET DERNIER.

Comme le champ de bataille s'en fut, & ne refta à perfonne. Comment Riante fut retrouvée, & ce que devint la merveilleufe Troisboffes.

PEndant que dura cette étrange guerre, imaginez, Mefdames, en quel état étoit le défaftreux Amant qui en étoit le théatre: vingt fois il crut toucher au dernier inftant de fa vie ; vingt fois en preux Chevalier il en fit le facrifice à l'aimable Riante. Cependant, contre toute efpérance, il fe trouva encore en état de fe relever après le combat fini ; avec des contufions, il eft vrai, mais avec plus de frayeur que de mal.

Son premier foin, dès qu'il fut debout, fut de fuir le Canapé, car il fe fouvenoit encore des portraits. Il aperçut une Chaife renverfée, que la foibleffe empêchoit fans doute de fe relever; il l'aida: elle fut fenfible à cette attention. Et comme c'étoit au tour de cette chaife à parler: Seigneur, lui dit-elle, autant que l'épuifement put le lui permettre, je puis payer vôtre fervice; Riante repofe fur le lit que vous voyez, & qui n'a pris aucune part au combat: tâchez d'en ouvrir les rideaux; déchirez-les s'ils réfiftent. A ces mots confolants, Gracieux accourut vers le lit, & fentant que les rideaux lui faifoient de la réfiftance, il les mit en piéces en un moment.

Ah, Mefdames! qu'il eft doux de voir ce qu'on aime quand

on l'a crû perdu pour toujours ! ce n'eft que dans ce feul cas que je voudrois être dans la place d'un Amant ; il doit goûter tous les plaifirs enfemble. Gracieux en fut enyvré jufqu'au point de ne pas s'apercevoir que fa belle étoit enchantée, & que tous fes tranf-ports, tous fes foupirs étoient perdus pour elle. Enfin l'illufion commençant à décroître, il crut la réveiller par toutes les chofes qui troublent les fommeils ordinaires; il l'apella à voix haute : c'eft quelque chofe que la voix d'un Amant, mais ce n'étoit pas encore cela : il lui ferra la main ; c'étoit encore quelque chofe : il lui fit refpirer de l'eau pure, puis des eaux violentes : il lui frapa dans les mains, il la pinça même. Eh! ce n'étoit pas cela! Enfin il s'avifa de lui dérober un baifer. Cela lui réüffit un peu, Riante fit un

petit mouvement. Je ne sçai
quelle idée ce succès fit naître
à notre Amant ; mais il trouva le
secret de la desenchanter tout à
coup. Secret que je ne connois
pas, que peut-être il me sied
d'ignorer : ce qu'on m'en a dit,
c'est qu'il ne réveille pas toujours
les belles, sur tout quand elles
veuillent dormir.

Je ne sçai point, Mesdames,
ce que devinrent ces deux A-
mants ; ils furent heureux sans
doute : au moins méritoient-ils
de l'être. Rare revit sa fille, &
eut la consolation d'avoir un
gendre aimable. Il ne me reste plus
qu'à finir mon conte, en vous disant pourquoi l'aimable Riante se
trouva au Palais des Fées. Troisbosses en l'enlevant, la destinoit
sans doute à des malheurs plus
étranges ; elle la revêtit d'habil-
lemens lugubres, & la destina à

préparer les drogues pour les en-
chantements.

Un jour que cette belle infor-
tunée aprêtoit à l'entrée de la
caverne, la verveine, le treffle,
la fougere, & l'attirail de la for-
cellerie, elle fut aperçuë par la
Fée Bredoüille qui n'aimoit pas
Troisboffes : Eh ! qui l'auroit ai-
mée, je vous prie !

Depuis quelque tems les Fées
avoient fait des Statuts, par
lefquels elles s'obligeoient de
tranfporter au Palais de leurs af-
femblées, tous ceux qu'elles auroient enchantés. Troisboffes re-
tenoit donc Riante contre les
régles ; mais la haine en connoît-
elle ? Bredoüille avertit fes com-
pagnes de la contravention, ainfi
Troisboffes fut privée du plaifir
d'une vengeance qu'elle s'étoit
tant promife : tout ce qu'elle put
obtenir, c'eft qu'au moins Riante

fût defenchantée dans les régles.
Pour s'y opofer elle chercha Gracieux par toute la Terre, ne dou-
tant point qu'en le faifant périr,
elle n'ôtât tout efpoir à Rare &
à Lirette. Elle trouva le Chevalier, mais elle le méconnut, &
elle aprit plutôt la fin de toús les
malheurs qu'elle avoit caufés,
qu'elle ne put y aporter des obf-
tacles. La rage, le defefpoir, &
même la folie, la faifirent ; elle
fe crut mortelle, & fe précipita
du haut d'un rocher ; mais cela
ne fervit qu'à lui rendre le corps
un peu plus contrefait qu'elle ne
l'avoit. On prétend qu'elle fe fit
une boffe au front, qu'elle a toujours confervé depuis ; même des
gens dignes de foi, m'ont dit l'a-
voir vû courir le monde, fous le
nom de la Fée Quatreboffes.

FIN.

www.ingramcontent.com/pod-product-compliance
Lightning Source LLC
Chambersburg PA
CBHW060625100426
42744CB00008B/1502